严艺家 著
南国虹 绘

化学工业出版社
·北京·

图书在版编目（CIP）数据

身体可以更自在/严艺家著；南国虹绘．—北京：化学工业出版社，2021.8（2021.10重印）
（1016成长信箱）
ISBN 978-7-122-39327-2

Ⅰ.①身… Ⅱ.①严…②南… Ⅲ.①青少年-健康教育 Ⅳ.①G479

中国版本图书馆CIP数据核字（2021）第109744号

责任编辑：赵玉欣 王 越 　　装帧设计：尹琳琳
责任校对：李雨晴

出版发行：化学工业出版社（北京市东城区青年湖南街13号　邮政编码100011）
印　　装：北京新华印刷有限公司
880mm×1230mm　1/32　印张 $1\frac{3}{4}$　字数10千字
2021年10月北京第1版第3次印刷

购书咨询：010-64518888　　　　　　售后服务：010-64518899
网　　址：http://www.cip.com.cn
凡购买本书，如有缺损质量问题，本社销售中心负责调换。

定　　价：29.80元　　　　　　　　　　　　　版权所有　违者必究

# 推荐序

青春期是个孤独的旅程。这个时期一个人身体开始发生变化，你开始拥有你不曾拥有的力量、主见、想法。世界在你眼前变得更大，你和家庭、朋友、陌生人之间的关系开始发生变化；你可能第一次想要离开原有家庭和归属，尝试为自我建立新的城堡和疆土。但你尚不知未来将如何展开，大大的世界会有怎样的故事。

我回忆自己的青春期，有很多问题从未有过答案。我知晓家中成年人们企盼我能健康成长，但他们却对于我所面对的困惑一无所知。我常羞于向成年人提问，写属于自己的暗语，有时需要他们，又常常将他们推开。

在我自己的堡垒之中，我慢慢长大。我在过去的十几年中一直在做心理相关的工作。我意识到我在很多场合，反复地告诉家长、孩子和那些忧虑的成年人们：在我们都曾经历的长大之中，我们害怕的、否认的、避而不谈的问题，它们很多都是我们青少年发展过程中的必经之路。

很多"问题",它们是"正常"的。只有当我们不谈论它们、否认它们、害怕它们的时候,它们才要用更强烈的声音和"症状表达",来提醒我们去面对。

艺家是我多年的好朋友,也是非常出色的心理咨询师。她做了这件非常了不起的事情。她用简单的语言,一个一个问题去谈论。谈论我们每个人内在的孤独感、难以融入的集体、外在的评价、他人的眼光、和家庭的关系变化,以及正在形成的自我。

她举重若轻,用漫画来承载这些重要的问题。1016 创造了一个支持性的空间,当你提问,它们都被回答——即便有时回答并非易事。

祝你能从书中找到自己的答案。

简单心理 APP 创始人、CEO

# 前言

一年多前,快 10 岁的女儿突然开始对我的工作感兴趣,好奇地询问各种与情绪、心理相关的问题,很想搞明白形形色色的校园生活经历背后有没有什么心理学原理。后来我们逛书店时想找相关题材的书,却发现并没有特别合适的:书店里的心理学读物虽然不少,但绝大多数针对的是成人读者;谈及小学生、初中生心理与情绪的书籍,又大多是写给父母们看的。想到女儿平时喜欢看各种校园生活题材的漫画,一个点子就这么出现了:我要做一套专门给 10 到 16 岁孩子们看的心理学科普漫画,用他们觉得有趣的方式,帮助他们更多了解自己的心理世界在经历着什么。

《1016 成长信箱》就这么应运而生,含义很简单:这个信箱专收 10 到 16 岁孩子们的来信。之所以从 10 岁开始,是因为根据最前沿的发展心理学观点,人类青春期开始的年纪已经提前到 10 岁左右,而伴随着青春期剧烈的身心变化,许多对自我心灵世界的好奇也始于此。虽然青春期会延续到

25岁左右才会结束，但相比青春期下半场而言，10到16岁的孩子们更像是稚气未脱的小大人，他们在这个阶段所经历的内心困惑与冲突是鲜明而独特的。

《1016成长信箱》的主人公阿奇是个温和内向的小女孩，乍看上去，她并没有什么引人注目的地方，和很多10到16岁的孩子们一样，她规律地上学放学，有时会抱怨作业太多考试太难，有自己的朋友与偶像，有一只猫，大部分时候过着平静的家庭生活，偶尔会和爸妈有些矛盾。无论小读者们是男生还是女生，或多或少都能在阿奇与周围同学的故事中看到自己的影子。因为1016成长信箱的存在，阿奇有了一个倾诉的树洞与可信赖的朋友，许多校园与家庭生活中的故事在一封封信件中得以呈现与解读。在十余年心理咨询工作的基础上，我将这些故事分为了五个大主题——社交、学习、身体与性别、家庭关系以及心理健康，并由此形成了五本漫画书，读者既可以选择全套阅读，也可以根据兴趣选择单本阅读。

1016成长信箱的那头到底是谁在回信呢？这个谜底也许会在未来某天揭晓，很欢迎小读者们和阿奇一样写信给1016成长信箱，1016君一定会很开心收到你们的来信的！

创作这套漫画的时候，经常会回忆起自己十三四岁时的某个场景——我坐在夕阳西下的教室里望向窗外的大草坪，那里有一支垒球队正在训练，不知怎的，那一刻心里油然而生一句感叹：活着真好呀，人类真有趣。

心理咨询师

**"如果我的眼睛再大点就好了！"** /001
如何树立多元审美观

**从A到G，健康最美妙** /005
健康的身体观长啥样

**"让人看到卫生巾很难为情吗？"** /009
破除月经羞耻

**"咸猪手走开！"** /013
应对交通工具上的性骚扰

**"心动了怎么办？"** /017
情窦初开并不是灾难

**"瘦真的是王道吗？"** /021
对流行文化中的外形焦虑说不

# 目录

## 美好的事物并非那个样子 / 025
远离网络色情

## "男生会跳舞,女生会足球,不可以吗?" / 029
突破性别刻板印象

## "我身上怎么长毛了?" / 033
青春期外形变化很正常

## 评价他人外表是不礼貌的 / 037
身体力行,减轻外貌焦虑

## 致谢 / 041

# "如果我的眼睛再大点就好了！"
## 如何树立多元审美观

---

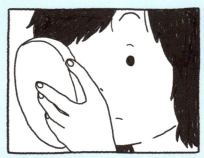

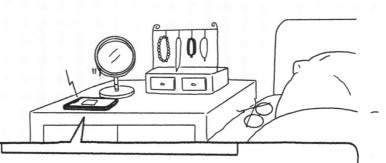

你好啊阿奇,

你的身体你做主,不管你做怎样的决定,我都支持你,只要那真的是你想要的,而不是被他人目光左右的。

大眼睛之所以被认为好看,一部分是因为那会让人联想到动物幼崽没有攻击性的样子。

换句话说,当期待一个人是"大眼睛"时……

……潜台词就是"你是弱小的、不会构成威胁的"。

每个人眼里的"美"都是不一样的,但有一点是肯定的:爱自己的女生会闪闪发光哦!

老大不小才开始闪闪发光的 1016 君

# 从 A 到 G,健康最美妙
## 健康的身体观长啥样

你好啊阿奇，

无论男孩女孩，每个人都有权利让自己舒舒服服地活着。

你之所以感觉内衣不舒服，可能是因为在过去的很长一段时间，人们觉得女性的身体必须长成某种样子才是好看的。

但随着文明的进步，人类越发意识到"多种多样"才是常态，从 A 到 G，只要健康就是美。

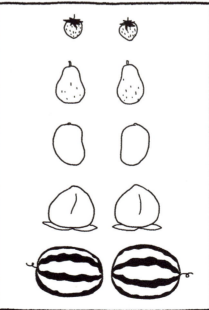

因为审美的标准不再单一,女生们也就有了更多的选择,没有钢圈的内衣其实更适合你的年纪。

长大意味着更有能力去爱护与照顾自己的身体,听听身体的声音,选择身体喜欢的吧!

还在学习着让身心更自在的 1016 君

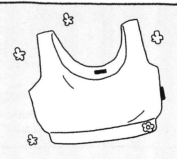

# "让人看到卫生巾很难为情吗？"
## 破除月经羞耻

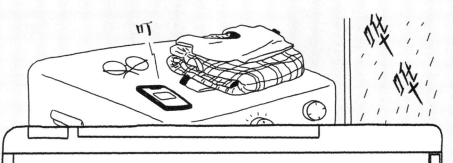

你好啊阿奇,

也许当我们用"大姨妈"指代月经时,已经把它变成了一件偷偷摸摸的事情,但这是每个女生生命中再自然不过的事情了。

在远古时代,人类不理解为什么女性的身体会流血,因此编造了很多奇怪的理由来解释这些现象。

即使科学进步让我们理解了为何女性会有月经,但还是有不少人觉得月经是肮脏、脆弱与羞耻的。

多了解一些科学知识是让自己实现"月经舒适"的开始，没有人需要因为月经承受不必要的痛苦。

- 🍡 来月经时不能吃的东西没你想得那么多
- 🏋 来月经不影响做运动
- 📱 学习科学使用卫生巾/卫生棉
- ➕ 如果痛经严重，要及时求助医生哦

虽然来月经的确是件事儿，但仔细想想，每个月都要流几天血，却还活得自在又美好的姑娘们真有力量呢！

觉得来月经倍儿有女人味的 1016 君

# "咸猪手走开!"
## 应对交通工具上的性骚扰

阿奇你好,

没有你的允许,任何人都不该触碰你的身体。这样的人太可恶了,真想好好收拾他一顿。

你可能会怀疑自己是不是做错了什么才导致这种事情的发生。

但你没有做错什么,错的是这些可恶的人,他们会无差别地随机选择骚扰的对象。

当这样的事情发生时,安全范围内的反击与向周围人求助是最好的办法,或者你也可以在不确定的情况下选择远远离开。

愿你不会再遇到这样的人,但如果遇到的话,一定要记住:一个人的力量有限,但一群人的力量足以压倒这些猥琐至极的人。

对咸猪手同样深恶痛绝的 1016 君

# "心动了怎么办?"
## 情窦初开并不是灾难

---

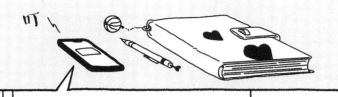

你好啊阿奇，

恭喜你又体验了更多长大的感觉呀！我还挺羡慕你的呢。

小孩子和成年人之间有一个阶段叫"青春期"，人类会在青春期慢慢学会很多成年世界的事情。

会对爸爸妈妈以外的人产生"爱"的感觉，这是青春期再自然不过的事情，"爱"是需要体验与学习的。

"爱"的对象也许是你生活中的人,也可能是屏幕里的人,甚至有可能不是"人"。

为了长大后可以更自由地追求心中所爱,此刻要好好努力为自己创造更自在的人生哦,好好爱自己是最浪漫的事情。

心里还时不时有小鹿的 1016 君

# "瘦真的是王道吗?"
## 对流行文化中的外形焦虑说不

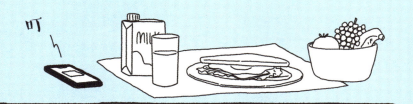

你好啊阿奇,

千万别中计,"瘦即是美"很可能是个"诅咒"与"阴谋"。

"美"的定义一直都是在变化的。

比如在缺少食物的时候,胖更受欢迎;

而不缺食物的时候,瘦意味着"有所选择的高级"。

如果把"瘦"作为一个绝对标准,一些人会在不知不觉中做出伤害自己的事情。

也有很多人靠着"瘦"这个概念挣很多钱,他们需要不断强调"瘦即是美"的概念。

你的身体你做主,前提是不被一些刻板观念"绑架"。世界本来就是千姿百态的,"美"只是一个样子的话,也太无趣了。

爱自己身上每一块肉肉的 1016 君

# 美好的事物并非那个样子
## 远离网络色情

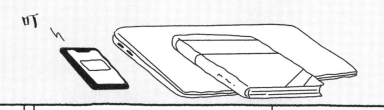

你好啊阿奇，

对成年人的世界好奇，是在十几岁的年纪再正常不过的感觉啦！

在接下来的很多年里，你会慢慢体验各种全新的、与"亲密"二字有关的感觉。

那种又尬又怕的感觉，也许部分是因为"亲密"太让人向往又很神秘。

但也有一些人会把这些本该美好的事物变得猥琐甚至危险。

保护好自己，远离诱惑，才有可能到达真正的幸福彼岸哦。

想在每个当下都感受到亲密与幸福的 1016 君

这个公众号太过分了！

# "男生会跳舞,女生会足球,不可以吗?"
## 突破性别刻板印象

---

你好啊阿奇,

其实我和你一样,也觉得那些规定了男生女生该啥样的想法怪怪的呢。

男女分工明确是远古时代的事情,那时因为体型与力量上的差异,男性会负责出门打猎,女性会负责看护家里。

但随着世界的进步,男性女性的分工已经比过去丰富多了。

进化的文明使得男生女生都可以尝试去做更多不同的事情,也可以使每个人活得更自在。

"娘娘腔""女汉子"之类的描述,其实是同时歧视了两种性别,不管男生女生,同时拥有勇敢、坚毅、犀利、温柔、随性……之类的特质,都是很正常的事情。

男生女生能一路进化到今天的样子是很不容易的呢,那些规定什么的,就让它们留在过去吧。

觉得雌雄同体很高级的 1016 君

# "我身上怎么长毛了?"
## 青春期外形变化很正常

你好啊阿奇，

　　大人身上就是会毛发旺盛的哦！男生女生在十几岁的时候，身体变化可是很大的呢。

从小孩子的身体长成大人的身体，这个过程要持续十几年呢。你们生物课上也一定学过。

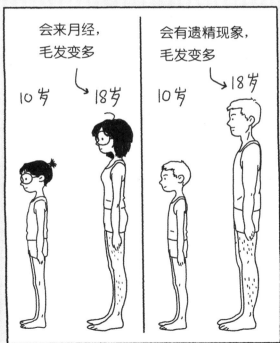

会来月经，毛发变多

10岁　18岁

会有遗精现象，毛发变多

10岁　18岁

变化过程中难免会有不习惯、不好意思的感觉。

早上好阿奇。

小飞你的声音怎么啦？

你并不是一个人在经历这些,更不是一个怪胎。

至于要不要剃毛,答案只有一个:你的身体你做主!

剃不剃毛看心情的 1016 君

# 评价他人外表是不礼貌的
## 身体力行，减轻外貌焦虑

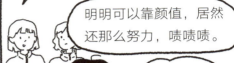
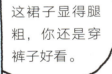

你好啊阿奇,

　　我和你一样不喜欢被评价外表,不管是夸奖还是贬低,其实都会唤起外貌焦虑。

外貌焦虑其实和长相无关,这是一种因为他人的注视而产生的压力。

即使是那些被很多人认为是"好看"的人,也会经历外貌引发的焦虑。

这并不意味着我们要停止给予他人鼓励与赞许,只是需要避免对外表进行评价。

能对你的外表"评头论足"的人只有你自己,想知道阿奇眼里好看的自己会是什么样子的呢?

越活越觉得自己好看的 1016 君

# 致 谢

《1016成长信箱》的诞生是许多人为爱发电的结果,在此想特别感谢勤勉敬业的插画师南国虹老师,她生动丰富的创作让阿奇和她的小伙伴们有机会与世人对话;感谢这套书的责任编辑,她们使得我灵光一闪的点子变成了捧在手上的现实;感谢孩子们对心理学和了解自己的好奇心,让我有了创造一套科普漫画书的动力;感谢心理咨询来访者们在工作中分享的青少年心路历程,不少故事灵感来源于那些真诚勇敢的讲述。谢谢我自己,夜深人静创作时,我能感受到许多爱与支持就在那里。

### 致正在看这本漫画的你

　　Hi，照镜子时你会感觉自己有多喜欢自己呢？有一小部分幸运儿会喜欢自己从小到大每时每刻的样子，更多的人（比如我）会需要花一些时间去习惯与喜欢自己在不同阶段的样子。愿你总有一天能自信满满地说"我喜欢自己的样子，我的身体我作主！"  :)

越来越喜欢自己的1016君
p.s. 想写信的话，可以发到这个地址哟：1016@cip.com.cn